# Ordena tu tiempo

Optimiza el aprendizaje y mejora
la lectura con una buena gestión temporal

MAR REY

Saralejandría
ediciones

Del texto:
María del Mar Rey González

Perfil profesional:
@pensamientosdemaestra

Diseño de edición:
Elena Torres Andrés

De la presente edición:
Grupo Sar Alejandría S.L

Edita:
Saralejandría Ediciones

ISBN: 978-84-10105-84-3
Depósito Legal: CS 116-2025

Este libro se lo dedico a mis hijas
Laura y Lola, mi tiempo se ordenó
cuando vosotras llegastéis a mi vida,
las mejores hijas que podría soñar.

# PRÓLOGO

Quienes somos madres y padres y tenemos otras tareas fuera de lo que es el hogar y la crianza, sabemos que el sentido de la responsabilidad, la organización, la planificación y la gestión del tiempo son cruciales para no morir en el intento de ejecución frente a lo que venga.

Lo más fugaz que conocemos es el tiempo, y aunque a veces cueste aceptarlo, nada hará que cambie. El tiempo, tan valioso, no espera por mucho que se lo pidamos o necesitemos un break para desbloquearnos unos instantes. Por eso mucho de esto tiene que ver con la eficiencia y estructura mental para luego desarrollar. Lo que no quiere decir que seamos robots y no sintamos ni padezcamos.

El fallo es válido y el mandar todo a un lugar poco apetecible (por no decir a la "m") también lo es. Ya decía Buenaventura Del Charco en su libro 'Hasta los cojones del pensamiento positivo' que no todo hay que que verlo con alegría: "No necesitas ver lo bueno de la vida, necesitas ser capaz de ver lo que ocurre en tu vida y cómo te hace sentir, para elegir libremente cómo decides afrontarlo".

Permitámonos entonces caer una y mil veces y que nuestros hijos lo vean y entiendan que no es algo malo y que de ello puede extraerse una enseñanza. Como digo yo "un desahogo a tiempo va perfecto", siempre y cuando me venga bien a mí. Compartir, vaciarse y expresar lo que uno tiene dentro es necesario para cambiar aquello que no funciona. Y los padres hemos de dar ejemplo.

Vivimos en una época en la que nos encontramos bajo el yugo de la presión social, se aplaude la inmediatez, el logro de metas, a ser posible con un aceptable reconocimiento y poco se admiten las medias tintas, que también es sano, y Mar y yo que somos gallegas, conocemos eso del "depende" que según el amanecer no perjudica sobremanera.

Corremos y corremos a diario, casi sin volver la vista atrás y muchas veces dejamos sin terminar una conversación que no se volverá a suceder de igual modo con nuestro hijo por evitar un atasco

para que no te cierren la puerta de la escuela en la cara o tu jefe no te mire con cara de pocos amigos. Probablemente llegaremos puntuales a muchos sitios -minuto arriba, minuto abajo- pero con el "¡ay!" en el cuerpo de "no he escuchado/atendido como debiera a quien más quiero".

Mirian Galán, maestra de Educación Infantil y escritora, habla en su primer libro de la importancia de no olvidar el lenguaje positivo, el elogio o la compasión en los niños, algo que también deberíamos aplicarnos y no ser tan duros con nosotros mismos. Asimismo, olvidamos que delegar o necesitar nuestros momentos no nos hace peores padres.

Mar, agradecida donde las haya, hasta con sus enemigos, por quienes entiende también ha dado a luz este necesario libro, muy risueña y con gran fortaleza, sobresale como una enamorada de la educación y una apasionada por crear, innovar, probar, y con arranque, se anima más por los "vale" que por los "mejor no". Es un claro de ejemplo de que el tesón y el esfuerzo en el trabajo dan resultados tanto en lo personal como en las oportunidades que llegan por sorpresa.

He tenido la fortuna de ser la primera en leer el borrador de su libro y como apasionada de las letras he sentido esa conexión instantánea que me ha permitido continuar la lectura sin descanso y que me ha hecho asentir frente a ideas que olvidamos a diario.

El valor por escribir este libro radica en que las prisas nos hacen mucho daño y necesitamos optimizar y seguramente a muchos nos resultarían muy útiles herramientas precisas para ello, para obtener buenos resultados con la menor inversión de tiempo.

Como especialista en temas de familia, soy muy como Mar de la frase "cada niño es único", algo que creo que a padres y educadores se nos olvida a menudo. La suerte la tenemos todos con profesionales como ella que conciben primero a la persona con sus derechos y necesidades.

Conocemos que en la actualidad el estrés y la ansiedad resultan una pandemia para jóvenes y adultos, y saber parar, analizar y atender nuestras carencias y dificultades, saber pedir ayuda, facilitarán que no colapsemos y no tengamos que seguir destacando como país a la cabeza de consumo de ansiolíticos para poder descansar y desconectar frente al ritmo frenético que nos envuelve.

Mar pone su entusiasmo en marcha en este nuevo proyecto con el que pretende ayudar a muchas familias para que aprendan a organizar y priorizar -quizás esto último es más complicado- y para que ayuden a sus hijos a lograrlo, algo que representará un bien preciado para el resto de sus días.

No enfocarnos sólo en la excelencia en el resultado, sino motivar, estar, leer en familia y con ello crear hábitos para el estudio, establecer metas realistas y alcanzar una mayor concentración, son algunos de los aspectos que recalca en su obra. Gracias a este libro muchas familias podremos poner en práctica las útiles estrategias que comparte.

Deseo que disfrutéis tanto de la lectura como yo lo he hecho. A ti Mar, gracias por pensar en mí y adelante con todo lo que venga.

Ana M. Longo, redactora y escritora.

# índice

¿QUIÉN SOY YO? ............................................ 12

LA GESTIÓN DEL TIEMPO ................................. 16

LA IMPORTANCIA DE LA GESTIÓN DEL TIEMPO EN EL APRENDIZAJE 20

ESTRATEGIAS PARA ENSEÑAR A LOS NIÑOS
A GESTIONAR EL TIEMPO DE UNA FORMA EFECTIVA ...................... 32

RECURSOS PARA GESTIONAR EL TIEMPO DENTRO DEL AULA ........ 40

LA LECTURA Y EL TIEMPO ................................. 48

ACTIVIDADES QUE PODEMOS LLEVAR A CABO .......................... 58

FOMENTAR UNA BUENA GESTIÓN DEL TIEMPO ........................ 106

AGRADECIMIENTOS .................................... 120

# ¿QUIÉN SOY YO?

Soy Mar Rey González, mamá de 2 niñas, maestra de educación primaria y educación infantil, psicopedagoga con un postgrado de alteraciones del lenguaje y el habla, con cerca de 20 años de experiencia de maestra de PT y AL.

Gran aficionada a las manualidades desde pequeña, creadora de ilusiones innata, observadora, con espíritu crítico, siempre deseando aprender cosas nuevas, empática y muy sufridora por ser tan empática y soñadora.

> Apuesto por que el mundo se puede cambiar desde la educación, que hay que instaurar cambios, que cada niño es único, que la tecnología está para ayudarnos, que todos tenemos cabida en este proceso, y que la educación es para todos, que todos los niños tienen derecho a la educación y a ser uno más.

Estoy encantada con mis niños de diversidad funcional, no los cambiaría por nada. Admiro a muchas familias que me rodean porque nunca se rinden, son energía pura, siempre para adelante.

Todos los días voy a trabajar feliz, deseando ver a mis niños y adolescentes. Eso es lo único que no ha cambiado en estos años. No os podéis imaginar lo que se puede disfrutar de vuestros hijos.

*Lo importante que es hacer lo que te gusta, mejor o peor, pero siempre con ilusión.*

En estos años no todo ha sido bueno. Me faltan pequeños arcoíris que se han difuminado, que eran tan buenos que se los han llevado; Ana Belén, Alejandra y Alex, tengo que nombrarlos y agradecer que haya podido estar en sus vidas, y ellos en la mía. Ha sido una fortuna poder disfrutarlos y compartir espacio y tiempo con ellos. Un trocito de mi corazón es de ellos y esto me hace recordar lo efímeros que somos, y a la vez me produce una gran alegría poder nombrarlos en mi libro y saber que no quedan en el olvido, que una de sus profes los inmortalizó en un libro, porque tengo un recuerdo muy especial de ellos y, mientras se recuerden, ahí estarán.

*¡Si pudiesen ver que escribí un libro!*

# LA GESTIÓN DEL TIEMPO

Este libro ha surgido de la necesidad de optimizar. Hoy en día, lo que menos tenemos es tiempo. La prisa es nuestra enemiga diaria en todos los ámbitos de nuestra vida.

Muchas veces, como padres y educadores, queremos que nuestros hijos nazcan siendo mayores, sabiendo todo, siendo los primeros, porque consideramos que eso quiere decir que van a ser exitosos en la vida. Y una de las grandes batallas académicas es que aprendan a leer pronto. Es una vara de medir el éxito que tendrán, por eso suele ser una de las grandes preocupaciones de las familias.

Pero antes de eso, deberíamos plantearnos muchas otras cuestiones importantes en la educación de nuestros hijos, porque por mi experiencia, a leer aprenden todos, antes, después, con más fluidez, con menos.... Hay algo llamado los prerrequisitos para adquirir la lectura (lateralidad, conceptos espaciales, conciencia fonética, discriminación auditiva y visual, velocidad de procesamiento fonológico, memoria a corto plazo o atención... entre otros), pero falta algo para llevar a cabo cualquier aprendizaje, o incluso algo previo como la gestión del tiempo.

La gestión del tiempo es uno de los pilares de nuestra vida y optimizar significa obtener los mejores resultados con la menor inversión de tiempo, algo que es fundamental a lo largo de nuestra existencia.

# LA IMPORTANCIA DE LA GESTIÓN DEL TIEMPO EN EL APRENDIZAJE

El tiempo es el bien intangible más valioso que poseemos y su gestión en el aprendizaje es fundamental para obtener resultados satisfactorios y maximizar el rendimiento.

Para ello, es necesario planificar y organizar todos los tiempos que intervienen en el aprendizaje de una manera efectiva. La primera persona que habló del tiempo y su gestión fue Dwight Eisenhower, 34º presidente de los Estados Unidos y General de cinco estrellas del Ejército de los Estados Unidos durante la Segunda Guerra Mundial. Desde un punto de vista militar y empresarial, habló de cómo gestionar el tiempo y manejar la atención que se le pone a cada actividad. Lo hizo a través de un método denominado "la matriz de Eisenhower", que consiste en un gráfico basado en dos ejes que separan tareas específicas en niveles de urgencia e importancia, determinados a través de una serie de criterios.

El método Eisenhower clasifica las tareas en 4 cuadrantes:

## I. Tareas importantes y urgentes

Aquellas que requieren atención inmediata y tienen un impacto importante en nuestros objetivos. Estas tareas deben ser realizadas lo antes posible para evitar problemas o consecuencias negativas.

## 2. Tareas importantes, pero no urgentes

Son actividades que contribuyen a nuestros objetivos a largo plazo y requieren planificación y dedicación. Es importante asignarles tiempo y prioridad para evitar que se conviertan en urgentes en el futuro.

## 3. Tareas urgentes, pero no importantes

Aquellas que requieren atención inmediata, pero que no contribuyen significativamente a nuestros objetivos. Es recomendable postponer estas tareas o reducir el tiempo dedicado a ellas para poder enfocarse en lo realmente importante.

## 4. Tareas ni importantes ni urgentes

Son actividades que no aportan valor a nuestros objetivos y pueden ser consideradas como distracciones. Es importante evitar dedicar demasiado tiempo a estas tareas y enfocarse en lo que realmente importa.

Aplicar este método de gestión del tiempo en el aprendizaje permite priorizar las tareas escolares de manera efectiva, dedicando más tiempo y esfuerzo a las actividades que tienen un mayor impacto en el rendimiento académico. Esto ayuda a evitar el estrés y la falta de organización, logrando así una mayor eficiencia y resultados satisfactorios en el aprendizaje.

De alguna manera, la distribución del trabajo en la escuela tiene una cierta visión empresarial. Con los años, cada vez está todo más estipulado y normativizado, de ahí el aumento de burocracia, que ocupa una gran parte de nuestra labor, registrando todo.

Pero no se nos puede olvidar que la escuela es puramente una interacción humana donde hay muchas casuísticas y situaciones personales que son subjetivas e inmedibles.

Dentro de un aula está todo organizado. El tiempo si está gestionado. Hay un horario con diferentes materias, descansos, y suele seguirse de una manera rutinaria. Pero ¿esto es suficiente?. Las pruebas, tareas, exámenes... siempre se hacen en torno a un eje temporal, planificadas; y la labor del profesorado, con programaciones de tipo anual, trimestral y diario, pero muchas veces se quedan en guiones teóricos que nos hablan de plazos para distribuir el temario, objetivos y las actividades durante el curso.

Sí, es necesaria una planificación para el docente, pero ¿cómo gestionamos el tiempo de nuestro alumnado? Lo hacemos desde la impartición del docente, considerando un grupo homogéneo que aprende a la vez, al mismo ritmo, algo que en muchas ocasiones está lejos de la realidad…El alumno/a que no aprende a un ritmo al que aprenden todos, va quedando atrás…, y ahí, las familias son las encargadas de hacer más trabajo en casa, para conseguir que se llegue a esos objetivos. O bien ellas solas, o buscando ayuda externa, ya que en los centros la ayuda de los especialistas no suele llegar porque no llega el personal.

Pero, este aprendizaje a calzador muchas veces es poco efectivo. Consigues que llegue a las expectativas de la escuela, pero con un sobreesfuerzo que a la larga suele crear mucho desgaste.

Si nosotros nos ponemos a pensar qué es lo más importante de nuestro día a día, suele ser la falta de tiempo. No nos llegan las horas del día para todo lo que tenemos que hacer.

*Desde que soy madre, una de mis primeras frases por las mañanas es "vamos tarde, deprisa."*

Desde que soy madre, ya dejó de ser mi tiempo, para ser el nuestro. Mi tiempo depende de otros tiempos que a veces son ajenos a mi control, de ahí esa necesidad de planificarnos los días, las semanas, los meses…, y cada vez con más antelación.

Yo no recuerdo que nadie me enseñase a gestionar mi tiempo. Algo parecido era aquella charla del psicólogo o psicóloga que nos hablaba de hacer un horario de estudio, de un hábito para estudiar en el que plasmábamos nuestras tardes, incluyendo los ratos de descanso, y que comenzábamos muy ilusionados pero que, por los menos yo, nunca conseguía seguir. Y ahí cada uno buscábamos nuestros propios recursos para llegar a nuestros objetivos, fruto de la necesidad.

Uno de los primeros pasos es priorizar las tareas según su importancia y urgencia, como muy bien decía Eisenhower, de manera que se puedan cumplir los plazos establecidos para evitar que el trabajo se acumule. También es recomendable utilizar herramientas de organización, que iremos viendo, y llevar un registro.

Otro aspecto igual de importante es la distribución de los descansos, ya que el descanso es fundamental para mantener la concentración y la motivación.

*Una adecuada gestión del tiempo en el aprendizaje es clave para alcanzar el éxito.*

Hay un método muy conocido, que es el de las 3 P, elaborado por Biggs (1999). Él es un escritor australiano, procedente de Tasmania, famoso por su contribución a las innovaciones en la docencia universitaria. Una de ellas ha sido su modelo de enseñanza-aprendizaje denominado Modelo 3P, en el que se justifica cómo se produce el aprendizaje. estos tres momentos los denomina:

**PRESAGIO**

Conocimiento previo de los estudiantes y contexto de enseñanza como objetivos, evaluación, clima y procedimientos institucionales.

**PROCESO**

Actividades centradas en el aprendizaje.

**PRODUCTO**

Resultado del aprendizaje

Este método de las 3P del aprendizaje es muy útil, es necesario diferenciar estos tres momentos en cualquier aprendizaje.

Biggs (1988) centra su atención en el factor *Proceso*, reconociendo en él la existencia de los enfoques de aprendizaje (EA), que define como« procesos de aprendizaje que emergen de las percepciones que los estudiantes tienen de las tareas académicas, influidas por sus características personales».

En estos años he establecido un método propio de gestión de tiempo basado en el concepto de las 3P, adaptado al ámbito del aprendizaje y la gestión de tiempo.

Este método tiene 3 objetivos importantes:

## PLANIFICAR:

Establecer metas claras y específicas, ayudar al alumno/a a identificar qué es lo que desea lograr y a ponerse metas concretas de aprendizaje y ser parte en ellas acompañándolo en ese camino.

Que no se sienta solo durante el proceso es muy importante, que sienta que vas a estar ahí para ayudarlo y, por supuesto, creer en él o en ella y hacerlo sentir seguro de que puede alcanzar esas metas.

Para ello, siempre empiezo con objetivos que pueda alcanzar autónomamente, y procuro que pueda disfrutar de hacer las cosas solo, por sus propios méritos, poniendo herramientas a su alcance para lograrlo, pero siendo el autor o autora de su propio aprendizaje.

Para ayudarles a planificar, tenemos que acercarles el uso del calendario y la agenda, introducirlos dentro de las dinámicas del aula para que puedan fijar fechas y que diseñen un horario para poder distribuir su tiempo.

Tienen que ser conscientes de que cualquier logro conlleva una dedicación de tiempo; sin el tiempo no tendríamos logros. Ese tiempo a veces puede variar de unos alumnos a otros, a algunos les supone una dedicación mayor alcanzar los objetivos. Cada uno tiene que ir a su ritmo y marcarse su propia dedicación; valorar que cualquier aprendizaje requiere un esfuerzo y facilitar herramientas para que sea más llevadero, y no plantearlo siempre como un tiempo de trabajo; reforzar con aprendizajes a través del juego, u otro tipo de actividades donde el objetivo principal no sea el marcado.

Siempre recomiendo, para aquellos que tienen más dificultad, trabajar a partir de sus centros de interés y de la realidad más próxima, evitar los aprendizajes abstractos y priorizar la manipulación de materiales.

## PRIORIZAR:

Identificar qué tareas son más urgentes y hay que hacer primero, establecer metas a corto plazo y a largo plazo.

Este aprendizaje también tiene que ser guiado. Diferenciar lo que realmente es urgente de lo importante, no es sencillo.

Las metas a corto plazo tienen que ser alcanzables con un esfuerzo razonable; las metas a largo plazo requieren un esfuerzo mucho mayor y una constancia.

## PROCRASTINAR:

Evitar la procrastinación, ayudar al niño/a a identificar cuando está retardando las tareas importantes. A veces es complicado abordar las tareas importantes porque no sabemos por dónde empezar. Suelen ser extensas y complejas y parece imposible lograrlas. Por eso, tenemos que crear estrategias como dividir las tareas en partes más pequeñas o establecer plazos realistas.

Hay que reconocer y celebrar los logros del niño/a cuando cumple con sus plazos y completa sus tareas a tiempo. Esto le motiva a seguir gestionando su tiempo de forma efectiva, son pequeñas victorias.

Recuerda que cada niño/a es único, por lo que es importante ajustar este método a las necesidades y habilidades de cada uno. Habrá niños con más capacidad de resolución y otros con menos, por eso estos aprendizajes tienen que ser guiados.

Este método de las 3P (Planificar-Priorizar-Procrastinar). Es el que debemos aplicar antes de cualquier objetivo.

# ESTRATEGIAS PARA ENSEÑAR A LOS NIÑOS A GESTIONAR EL TIEMPO DE UNA FORMA EFECTIVA

Aquí comienza la parte interesante. Siempre que leo algún libro de este tipo me salto la teoría o la leo por encima y estoy deseando llegar a la parte práctica, a la parte que realmente me ayude a poder llevar a la práctica lo que propone.

A lo largo de los años, he descubierto que en la docencia y en la educación no hay fórmulas mágicas que solucionen problemas, porque cada niño/a es un mundo. Se trata de probar qué le puede ir mejor e intentarlo y no desechar ninguna estrategia.

Enseñar a los niños a gestionar el tiempo de forma efectiva, desde una edad temprana, es imprescindible para que adquieran habilidades de organización y planificación que les serán útiles a lo largo de su vida.

Aquí os voy a mostrar algunas:

## Establecer rutinas diarias, horarios

Para levantarse, para comer, dormir...Esto les ayudará a dar estructura al día, a ir haciendo su propio eje temporal de lo que es un día.

No nos podemos olvidar de que el tiempo no se ve, es intangible, y por ello, vamos ubicando el tiempo asociándolo a "momentos de". Desde pequeños es importante que esto lo empiecen a entender Por

33

eso, debe haber rutinas y tenemos que tratar de que se hagan a una determinada hora. Eso les va a ayudar a entender que el día se divide en momentos y cada parte del día es para una actividad.

## Fomentar la responsabilidad

Ayudarles a hacer una lista de lo que tienen que hacer en el día y priorizarlas según su urgencia.

Esto nos llevará 5 minutos. Es sentarnos con ellos y preguntarles qué tienen que hacer hoy y tratar de colocarlo por orden de lo más urgente a lo menos.

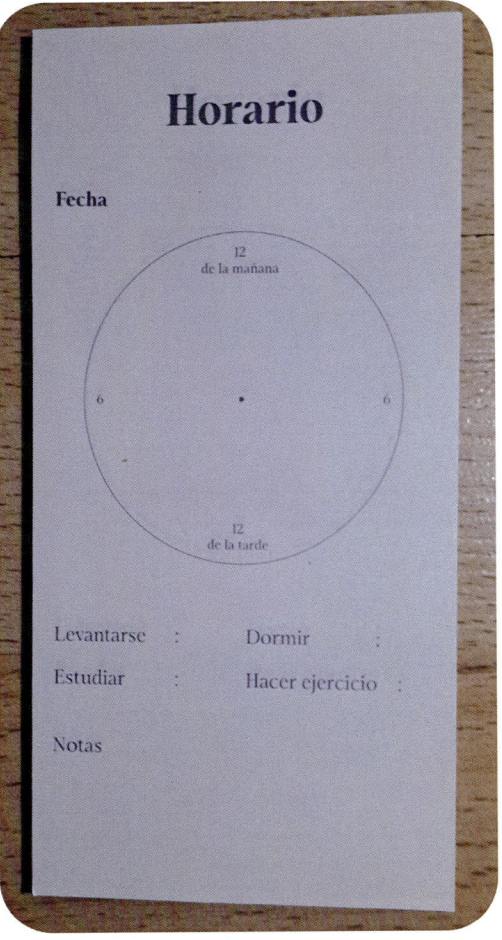

## Utilizar herramientas de organización; calendarios, relojes, alarmas, agendas...

Parece algo sencillo, pero hoy en día, con el uso del móvil, es raro que en una casa haya un calendario, y es necesario poder visualizar el tiempo. O bien un calendario de sobremesa o uno de colgar, donde pueda ver qué día es, qué mes....

## Los relojes también están en desuso y son necesarios.

Tener un reloj de pared, de sobremesa, digital o analógico, en el cual podemos ver el trascurso del tiempo y la hora que es.

Y también añadiría aquí el uso de relojes de arena, para que cuando realicen tareas puedan ver el tiempo que les lleva, y el reloj *timer* para poder ver el tiempo.

37

## Enseñar técnicas de gestión de tiempo

Como dividir las tareas en partes más pequeñas y establecer plazos de realización.

Las tareas que sean más copiosas, dividirlas en subtareas para que sea más llevadera su realización y podamos ir consiguiendo logros.

## Celebrar los logros.

Reconocer y celebrar sus logros cuando cumplen con sus plazos y completan sus tareas a tiempo.

Una de las satisfacciones más grandes que hay es conseguir acabar las tareas a tiempo, y por eso hay que celebrarlo con ellos y felicitarlos.

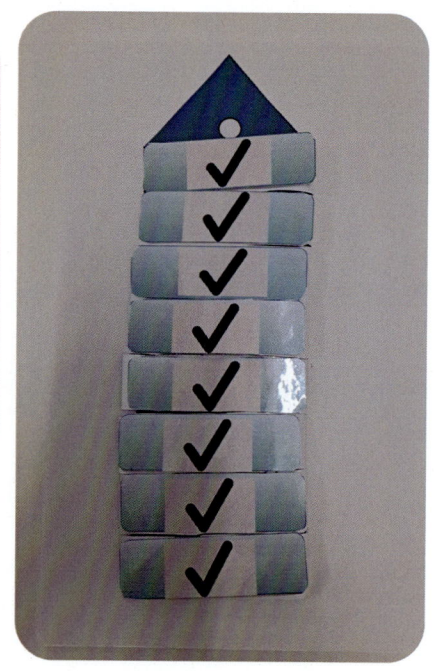

Enseñar a los niños y niñas a gestionar su tiempo de forma efectiva requiere paciencia, pero es una habilidad importante que les ayudará a ser más organizados, alcanzar sus metas en el futuro y trabajar contra el estrés que muchas veces sufrimos de adultos porque ¡no nos llega el tiempo!

Estas estrategias las podemos usar a cualquier edad, sólo tenemos que adaptarlas.

Son pequeños cambios que podemos hacer fácilmente para ir trabajando la gestión temporal, aunque a veces el peor enemigo somos nosotros mismos y nuestra mala gestión temporal. Por eso deberíamos plantearnos primero que tenemos que hacer una gestión óptima de nuestro tiempo para así poder trasmitirlo mejor.

Incluso parte de estas estrategias deberíamos llevarlas a la práctica nosotros mismos. La crianza de los hijos mejora mucho con una buena gestión temporal, planificándonos un poco más, y con una organización más eficiente. Pero quizás este tema sería para escribir otro libro.

# RECURSOS PARA GESTIONAR EL TIEMPO DENTRO DEL AULA

Dentro de las aulas, el tiempo es un factor muy importante. Como maestros, es una parte esencial de nuestro trabajo; preparar las clases, saber con antelación qué vamos a hacer y cómo lo vamos a distribuir en el aula. Paso muchas horas de mi tiempo pensando en qué voy a hacer, en qué actividades escoger, y pensando en el tiempo que tengo para hacerlas. En mi trabajo como PT y AL si no tengo organizada mi aula y preparadas mis clases optimizando recursos, no logro avanzar.

El tiempo lo es todo. A mí no me sirven los tiempos de relleno, necesito tiempo de calidad. La mayor parte de los días no consigo realizar todo lo que quiero porque planifico un montón de actividades cortas, pero intensas, y eso me exige un enorme trabajo detrás. Tengo que admitir que suelo conseguir mis objetivos, y acabo el día con una sensación agradable y a la vez deseando que llegue el día siguiente porque me quedaron muchas cosas por hacer.

Los recursos son una ayuda crucial para el aprendizaje y el tiempo también.

Quizás, en mi experiencia con alumnado TEA, empecé a entender que el tiempo era un factor muy importante, y recursos que tuve que utilizar con este alumnado, al final vi que eran extensibles para todo el alumnado.

Algunos de los recursos más importantes para la gestión del tiempo dentro del aula:

Planificación diaria de las actividades que vamos a realizar en el aula, pero de una manera real, adaptándolas a una franja temporal.

En la programación del aula normalmente ya tenemos las actividades, temas y objetivos del día, pero casi nadie concreta la gestión temporal de las actividades, y es algo fundamental cuánto tiempo vamos a dedicar a dichas actividades, cómo las vamos a hacer (grupal, individual, cooperativo...), y su corrección. Casi siempre nos centramos en poner el tema del día, el concepto a trabajar y actividades, sin especificar cuánto tiempo va a llevar cada tarea.

Establecer rutinas propias en el aula, para optimizar el tiempo y evitar los tiempos de espera, de aburrimiento. El aula es un lugar de trabajo, donde estamos para aprovechar el tiempo y aprender. Tenemos que introducir pequeños tiempos de descanso con actividades no tan académicas, pero con algún objetivo.

Utilización de temporizadores y alarmas para hacer las actividades, introducir los relojes de arena y los *timer*. Es muy positivo que les digamos que tienen 5 minutos para una actividad y que lo puedan ver, porque los vamos habituando a medir el tiempo.

Asignar tiempos específicos para cada actividad, para lograr una mayor eficiencia en los resultados.

Fomentar la autonomía y la autorregulación para que sean más responsables y eficientes en sus tareas.

Utilización de herramientas tecnológicas, como calendarios digitales, para distribuir el tiempo en el aula.

Evaluar y ajustar el plan de gestión de tiempo en el aula y realizar ajustes, si son necesarios, para garantizar la eficacia y la eficiencia. Como docentes, la parte de la evaluación es la que nos va a ayudar a mejorar y a implementar mejoras.

# LA LECTURA Y EL TIEMPO

Sería maravilloso poder leer sin tiempo, sumergirnos tanto en una lectura que nos olvidásemos del mundo. Desde pequeña he sido una buena lectora. Tuve mis épocas de leer todas las noches, mi libro en la mesita de noche, y estar leyendo hasta altas horas de la madrugada y no poder parar hasta que se acabase el capítulo.

Era capaz de leer el libro y verme dentro de él, como si fuese una película y yo, la narradora. Me imaginaba todo, con aquellas descripciones tan exhaustivas, y cuando paraba de leer, salía de aquel libro y no sabía cuánto tiempo había pasado. Hay que reconocer que era una alternativa muy tentadora porque no había plataformas de pelis y entretenimiento como hoy, los libros eran mi Netflix de la época.

En mis lecturas tenían cabida todos los géneros, desde los *Episodios nacionales* de Benito Pérez Galdós, hasta Agatha Christie o Julio Verne....Pero para llegar a esto, tengo el recuerdo de la cartilla de lectura de preescolar, que poco me gustaba, y de cómo un día, que había llegado a la página del dibujo del gato donde estaban las sílabas *fa*, *fe*, *fi*, *fo*, *fu* (porque se asociaban al ruido que hace el gato, "fffff") a mí solo me salía una *ga*, viendo aquel dibujo, y mi querida Madre Dolores, mi primera profe de preescolar, me hizo volver a empezar aquella cartilla de lectura desde el principio. Nunca más volví a confundir la *f* y tengo que recordar que, por aquel entonces, con 5 años, la lectura no me apasionaba, me parecía algo difícil a lo que había que prestar mucha atención y aún encima leías muy despacito y te llevaba mucho tiempo.

Mucha paciencia tenía mi querida Dolores con 45 niñas en una clase, y que salían de infantil sabiendo leer porque ella le ponía todo su empeño para que aprendiésemos. Una mujer muy recta, pero a la que le tenía y le tengo un gran cariño. Después de muchos años volví a ese cole como profe y fue mi compañera, y la ilusión y las ganas del primer día las tenía intactas, y eso es algo que se percibe.

51

También recuerdo cómo esa cartilla viajaba a casa y cómo mi madre se ponía a leer conmigo en la cocina. Realmente esos inicios fueron tediosos, pero en cuanto cogí soltura, años después, me veía todos los domingos leyendo en la misa del pueblo, porque todo el mundo decía que lo hacía muy bien.

Cuando iba a la playa me encantaba llevar el Premio Planeta de ese año y leerlo, hasta que tuve a mis hijas y se me acabó la lectura en la playa porque no me llegaban los ojos para vigilarlas. Por fin, este verano, después de 13 años, pude empezar a leer un libro en la playa, digo empezar porque no lo acabé.

Con todo esto os quiero decir que el hábito lector hay que fomentarlo, que de alguna manera es algo que se va arraigando en uno, da igual lo que leas, revistas, cómics, novelas..., y para fomentar el hábito lector lo primero es aprender a leer, que quizás es la primera lucha de los niños, los maestros y los padres, conseguir leer.

Y en este proceso de la iniciación lectora, la gestión del tiempo es fundamental porque nos permite organizar de manera eficiente las actividades orientadas a fomentar la lectura y, para ello, deberíamos tener en cuenta las siguientes estrategias:

- Establecer horarios específicos de lectura, tanto en el aula como en casa, para que puedan hacerlo de una manera autónoma, y presentarla como una actividad atractiva para que puedan disfrutar de ella.

- Planificar diferentes tipos de actividades de lectura variadas; en voz alta, lecturas compartidas, individuales (para mantener el interés), y a través del juego, de manera que estemos fomentando el hábito de una manera positiva.

- Utilizar el tiempo de forma flexible para adaptarse a las necesidades y ritmos de cada estudiante, permitiendo que puedan avanzar a su propio ritmo en su proceso de iniciación lectora.

- Integrar la lectura en otras áreas curriculares de manera transversal, priorizando la comprensión lectora.

- Utilizar recursos y materiales adecuados, seleccionar recursos adecuados a cada nivel de desarrollo de manera que se fomente su interés por la lectura y se promueva la comprensión lectora.

- Crear un ambiente propicio, sobre todo al principio. Crearles curiosidad por aprender a leer, presentarlo como un reto, un juego, para así captar su interés.

Las letras no dejan de ser círculos y palitos que ellos tienen que reconocer. Cuando se inician en educación infantil, lo principal es que se sientan motivados para aprender. No olvidemos que es un proceso muy complejo a esas edades asociar símbolos, dibujos, a lo que llamamos letras, e identificarlos fonética y fonológicamente.

Hay muchos métodos de lectura, infinitos, y también es muy importante la función del docente en cómo él o ella lo presenta.

La lectura implica que haya habido una buena prelectura acompañada de una potenciación de los prerrequisitos lectores.

Lo ideal sería empezar a aprender a leer a través del nombre, reconocer las letras de nuestro nombre, asociando esas letras a un apoyo visual y auditivo, o incluso un gesto, para que se puedan interiorizar, realizar muchas actividades de discriminación visual y conciencia fonética, y cuando todo esto esté trabajado comenzar la lectura grupal y globalizada.

No hay mayor motivación a esas edades que el aprendizaje en grupo; celebrar los logros, hacerles sentir seguros, que sientan que pueden hacerlo. Ahí los maestros jugamos un papel importante porque sabemos qué niños/as tienen más dificultades y es tan sencillo como no ponerlos en evidencia ante el grupo, y que la hora de la lectura sea una hora presentada como una actividad interesante, atractiva, divertida...que estén deseando que llegue la hora de la lectura.

He tenido la suerte de ver a compañeros y compañeras que incluso metían numeritos de magia en la hora de la lectura, lo presentaban como un juego y todos los alumnos estaban deseando leer.

Hoy en día, con tanta tecnología a nuestro alcance, es sencillo introducir un robot ayudante, una mascota que nos va a ayudar a leer. Existen muchas maneras de crear una actividad atractiva, se trata de que los niños de infantil, donde se empieza la prelectura, estén lo suficientemente motivados para que les guste y no la aborrezcan.

Este tipo de actividades de lectura suele beneficiar a todos, incluso a aquellos que tienen dificultades, porque suelen ser capaces de seguir fácilmente esta lectura grupal, y ello les permite estar al mismo ritmo.

El cambio más importante en el proceso lector suele ocurrir en el primer curso de educación primaria. El salto de la prelectura a la lectura es un período difícil, hay niños/as que tienen adquirida una buena prelectura junto con una madurez, atención y concentración, y a los que les resulta muy fácil, pero en la mayor parte de los casos este proceso requiere de mucho trabajo fuera y dentro del cole.

Distinguir o reconocer letras, sílabas o palabras es algo mecánico que mejoramos con práctica. Las primeras lecturas suelen ser silábicas, mecánicas, y sin comprensión lectora.

Este momento del proceso quizás sea el más laborioso. Hay que conseguir mejorar la fluidez, la velocidad y la comprensión. Las actividades de mecanización son necesarias en la lectura para mejorarla,aunque yo consigo más avances con actividades más concretas y de mayor calidad, aun siendo más cortos los tiempos invertidos. Estas actividades deben ser innovadoras, que logren captar su atención y concentración, y que el tiempo de las mismas sea con una atención sostenida, eficaz y les permita interiorizar lo aprendido de una manera más fácil. Que el aprendizaje sea más real y duradero y sembrar esa sensación de hacer algo que les gusta, que aprenden pero que lo están viviendo como algo divertido y como un reto, creando en ellos una curiosidad que les permite interesarse y propiciar la competencia de aprender a aprender.

# ACTIVIDADES QUE PODEMOS LLEVAR A CABO

En esta parte vamos a diferenciar dos contextos. Por un lado, el escolar y, por otro lado, el del hogar.

Vamos a empezar por el familiar. ¿Qué tipo de actividades podemos llevar a cabo en el hogar para facilitar la gestión del tiempo en la lectura?

Hay pequeñas actividades que podemos hacer desde casa, que son factibles con una pequeña inversión de tiempo.

> Desde la primera infancia es recomendable contar historias, cuentos. El momento más idóneo es el de ir a dormir. A veces, por nuestro tipo de vida, resulta bastante complicado, pero tenemos que proponernos intentarlo.

El momento de ir a dormir para los niños y niñas se asocia al final del día, después de un baño que suele ser relajante para ellos, pero el instante de intentar coger el sueño es más delicado. La mayoría de los pequeños se resisten a Morfeo y no quieren que el día acabe, quieren seguir activos porque aunque están cansados, tienen esa necesidad de explorar continuamente y esa curiosidad innata que no les suele permitir conciliar el sueño tan rápidamente. Este trance es un buen momento para fomentar la lectura, asociarlo al final del día, como una actividad relajante que estimula su imaginación, y ese efecto de escuchar una voz familiar y cálida que les cuenta algo los suele tranquilizar, porque se sienten seguros y pueden sentir que es hora de dejar de resistirse al descanso, que tan necesario es.

Este es el primer contacto con la lectura, la primera forma de fomentarla, que le dediquemos y busquemos un tiempo en nuestro día.

Hace años tuve una compañera cuyo hijo aprendió a leer con 2 años y medio y, evidentemente, sorprendida, tuve un montón de charlas con ella. Esa profe era una PT y había pasado su infancia y adolescencia entre un país sudamericano y un país nórdico. Cuando sus hijos estaban en la cuna se dedicó a colgar bits de palabras para que se fuesen familiarizando con ellas, y según fueron creciendo, fue utilizando los bits de aprendizaje. Lo hizo de una manera constante y gradual, y su hijo no sólo consiguió leer con 30 meses, sino que tenía una rapidez lectora impresionante porque era capaz de reconocer palabras, y sus conexiones neuronales estaban muy estimuladas. Esto conllevó a que para él, memorizar fuese más sencillo que para la mayoría de los niños y niñas de su edad, y siempre adquiría antes los objetivos.

Utilicé los bits de aprendizaje con algunos alumnos y alumnas y sí que notaba una gran mejoría, pero es un método que exige mucha constancia y que hay que aplicar de una manera individual.

61

En casa sí que podemos utilizar tarjetas con nombres de elementos del hogar, una especie de *pictos* con el nombre, empezando por las cosas que más usemos o más frecuentemente necesitemos. De esta manera, inconscientemente, van asociando el nombre al objeto.

Otro tema a debatir importante sería qué tipo de letra vamos a emplear; mayúsculas, minúsculas, escolar (enlazadas) o de imprenta.

Lo más sencillo de reconocer e imitar son las mayúsculas, pero sería bueno que se incluyesen los dos tipos; mayúsculas y minúsculas enlazadas, porque hay muchos coles en los que su método de lectura es con minúsculas enlazadas.

Otra actividad que podemos hacer en casa es dar recompensas, y que esas recompensas sean una especie de cartas con palabras y el dibujo, una especie de cromos de palabras, hasta formar una oración, y que ellos puedan manipular y realizar juegos con esos cromos.

Debemos tener a la vista cuentos y libros de fácil acceso para ellos y adaptados a su edad; una pequeña estantería o revistero con cuentos, libros, revistas, cómics…, que ellos puedan manipular autónomamente, y también tener otro tipo de libros como atlas, que los hay preciosos, sobre temas no tan comunes como; el espacio, la magia, los dinosaurios…, temas que puedan llamar su atención y hacer que sean capaces de investigar y querer aprender cosas nuevas. Es necesario presentar la lectura como un vehículo para poder saciar su curiosidad y que promueva su autonomía.

Este rincón de lectura en casa tiene que ser acogedor, con cojines, mantas y una buena iluminación.

Otra actividad que podemos realizar es crear un club de lectura familiar, leer todos un mismo libro o leerlo entre todos y buscar un horario para nuestro club, donde todos podemos comentar las impresiones sobre los mismos.

También podemos planificar visitas a la biblioteca pública, participar en sus actividades, o ir a pasar allí una tarde de lluvia, ojeando, buscando o leyendo libros. En los países nórdicos es una práctica habitual pasar la tarde en familia en la biblioteca, es una opción de ocio más.

Hay muchos juegos que nos pueden ayudar a estimular el lenguaje y la lectura y a los que podemos jugar en familia:

## TAPPLE

También llamado "Basta", es un juego de palabras con ritmo rápido. Consiste en una especie de ruleta que tiene todas las letras del abecedario, y unas cartas con nombres de categorías de palabras.

Los jugadores eligen una categoría, dicen una palabra que encaje con una letra que tocan y pasan el turno al siguiente jugador.

Es un juego muy sencillo, sin habilidades previas, emocionante, divertido y con un ritmo muy rápido.

# EL AHORCADO

El objetivo es adivinar la palabra que ha pensado el oponente Dependiendo de los jugadores se puede ir subiendo el nivel, ideal para jugar en familia.

# DADOS PARA CREAR HISTORIAS

Hay diferentes tipos de dados, con cuentos clásicos, de Star Wars, y de más temáticas. Es muy sencillo jugar y puede participar toda la familia. Se trata de tirar los dados e inventar una historia.

# ASOMBROSOS DETECTIVES DE MONSTRUOS

Este es un libro-juego de rol, especialmente innovador. Va dirigido a niños a partir de 3 años. Está formado por un libro y necesitamos para jugar unos dados. Es un juego para utilizar en familia, muy divertido y diferente. Y no cabe duda de que la idea de que el libro sea el propio tablero de juego es una novedad en los juegos familiares.

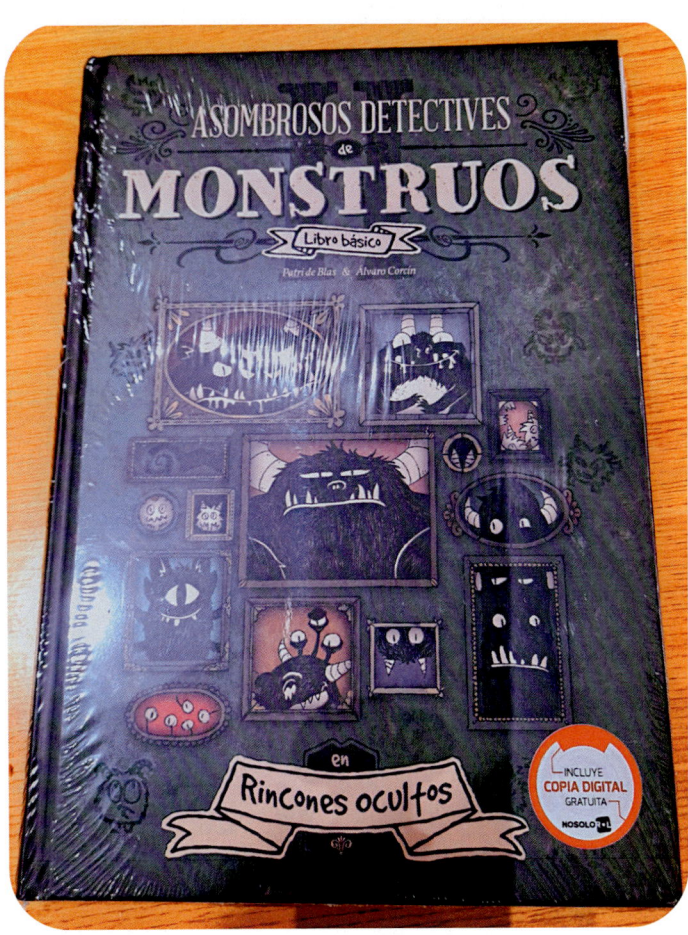

## EN LAS CENIZAS

Este es otro libro-juego de rol en el que el tablero es el libro, y te permitirá vivir aventuras usando una combinación de combates tácitos, toma de decisiones, elección de habilidades y personificación de equipo. Todas tus decisiones afectarán al desarrollo de la historia y verás como tus personajes evolucionan en función de las opciones que elijas. Necesitarás un lápiz y podrás vivir aventuras, pero sería recomendado para lectores mayores de 12 años.

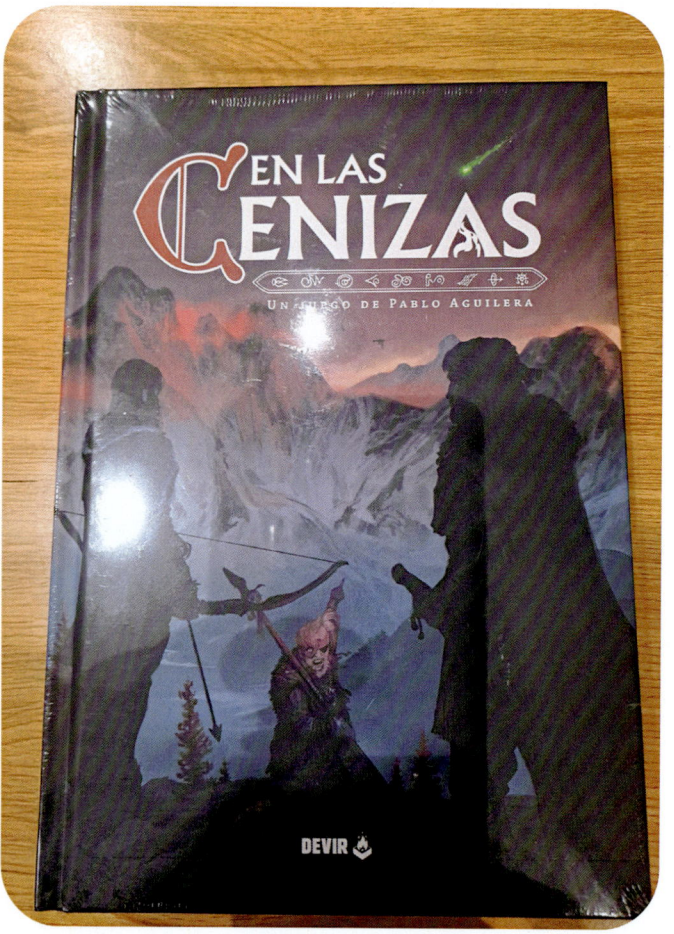

# MAGIC MAZE

Este es un juego coo-perativo en tiempo real que se juega en silencio, y en el cual se trabaja la gestión del tiempo. Todos los jugadores pueden realizar acciones con todos los héroes, pero cada jugador sólo podrá ejecutar una única acción. Por ello, deberán trabajar en equipo para ayudar a los héroes y ganar la partida a contrarreloj. Se recomienda a par-tir de 8 años.

# ÉRASE UNA VEZ, DE BRAIN BOX

Este juego está reco-mendado a partir de 4 años. Es un reto mental de 10 minutos en el que tienes que coger una carta basada en cuen-tos populares como Aladdín, Pocahontas, El Mago de Oz..., y tienes 10 segundos ( medi-dos por un reloj de are-na) para memorizarla. Después, das la vuelta a la tarjeta, que tiene 6 preguntas, tiras el dado y tienes que res-ponder al número de pregunta que te salió en el dado. Si la acier-tas, te quedas la carta, y si no, la devuelves, y así sucesivamente.

70

Estos juegos son una pequeña muestra de la multitud que existen hoy en día.

Lo interesante es poder utilizarlos en familia, en un ambiente distendido, confortable y poder coleccionar momentos de ocio.

> El aprendizaje a través del juego es uno de los mejores aprendizajes que existen y es la forma natural de aprender de los infantes. Todos nuestros primeros aprendizajes se hicieron a través del juego porque es la manera natural de interiorizarlos.

Ya hace años que lo de jugar en familia se ha perdido, básicamente porque no tenemos tiempo, y es un tipo de actividad que se está retomando con fuerza por parte de las familias.

En mi infancia pasé mucho tiempo jugando a las cartas con gente mayor. Sabía muchos juegos como el Burro, el Chinchón, la Escoba ...y algo muy sencillo para mí es barajar. Cuando empecé a trabajar utilizaba muchos juegos de cartas, lotos fonéticos, dominós... y me sorprendía enormemente cuando les pedía a los niños que barajasen las cartas y no sabían, tenía que enseñarles como barajarlas.

Con esto queda claro que, a veces, en el hogar se aprenden muchas más cosas de las que creemos, pero, claro, necesitamos tener tiempo para poder hacerlas.

## ACTIVIDADES QUE PODEMOS REALIZAR EN LA ESCUELA:

**1** Dentro del colegio deberíamos tener una biblioteca que funcionase como tal y que, a través de un registro, los libros pudiesen ser de préstamo, no sólo de consulta. Una biblioteca renovada y dinámica, que se pudiese utilizar como una sala multiusos, pero esta es una asignatura pendiente en la mayoría de los coles.

### Así que, los profes optamos por hacer una biblioteca de aula.

Este espacio puede ser pequeño, un rinconcito, pero tiene que ser acogedor y tiene que ser el rincón al que no te puedes resistir a ir. Puede tener cojines, alfombras... En mi caso opté por el césped artificial porque creo que tiene una especie de conexión con la naturaleza, un lugar placentero para poder leer.

**2** No es necesario tener una gran cantidad de libros, pero sí seleccionar los que vamos a tener. Deben ser libros que conecten con ellos, que estén deseando abrir, libros actuales, de diferentes rangos de edad, y de géneros diversos (cómics, novelas, poemarios, cuentos...), y a ser posible en algún idioma más que el castellano, tener algún ejemplar en otra lengua.

La temática debe ser variada; de aventuras, misterio, magia, mitología, mujeres científicas, inventores..., todo lo que se nos pueda ocurrir.

Si tenemos la suerte de conocer a algún escritor o escritora, que nos lo pueda dedicar sería fabuloso.

Y libros de diferente extensión y tipos de letras. No nos podemos olvidar de aquellos alumnos/as a los que les cuesta leer y aquellos otros que son lectores voraces.

**3** Una dinámica de la biblioteca relevante es que tengan su propio carné de biblioteca, para que se sientan importantes. No hace falta que pongan una foto, pero sí pueden hacer un dibujo que los identifique con sus datos, como nombre y curso.

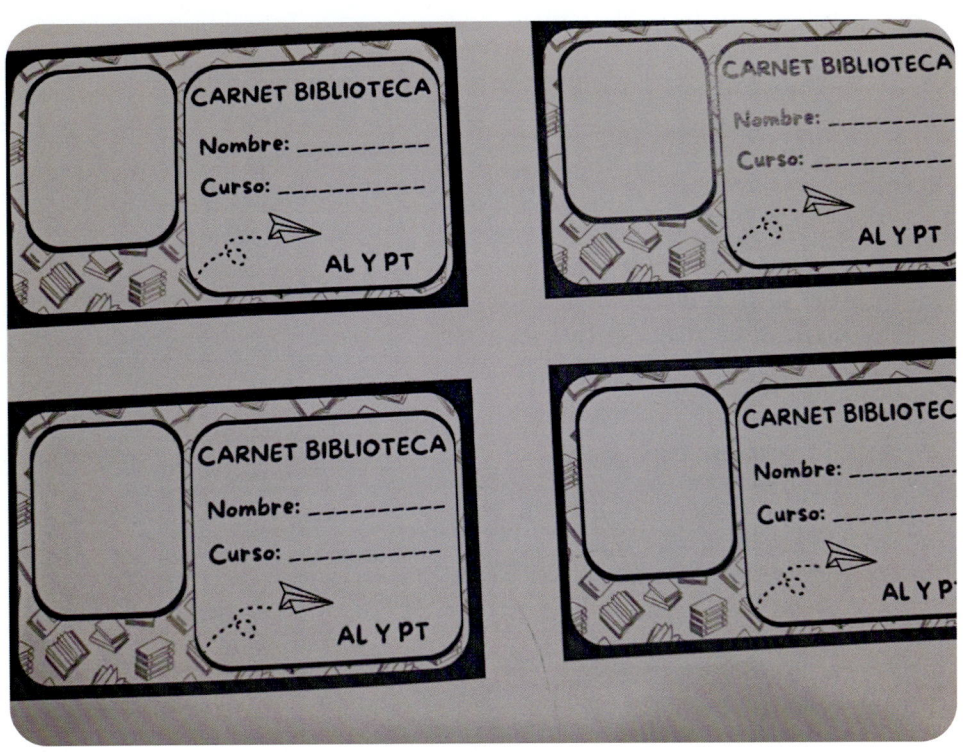

Y ese carné debe ir acompañado de un pasaporte lector, donde ellos escribirán el título de sus libros, su autor y una pequeña reseña ,como una valoración con estrellas del libro. Cada vez que finalicen la lectura de un libro podrán colorear un sello de un país, y esta dinámica continúa hasta que finalicen su pasaporte, cuyo logro será recompensado con un marcapáginas exclusivo o cualquier otra cosa que se os ocurra.

**4** La celebración del día de las bibliotecas es el 24 de octubre, un día muy bueno para poner en marcha nuestra biblioteca de aula en cada curso escolar.

**5** Además, debemos llevar un registro de los libros que se llevan y se devuelven, un registro sencillo que ellos sean capaces de cubrir.

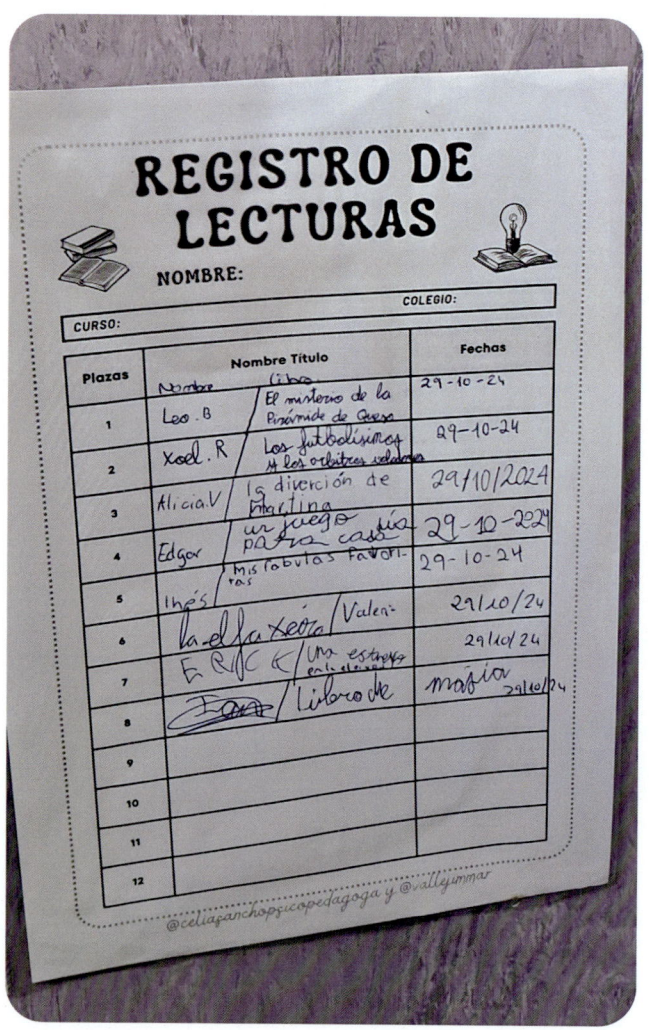

**6** A nuestra biblioteca le podemos poner normas de uso, reservas de libros..., de manera que todos los alumnos la sientan como suya, y establecer un horario para poder hacer uso de ella.

**7** Es una experiencia muy positiva. Hace años que lo hacíamos de una manera más casual, informal, pero desde que hemos creado esta biblioteca de aula, el interés por la lectura ha crecido, incluso los padres están al tanto porque les han informado sus hijos e hijas como si fuese una super novedad. Da gusto ver como ellos mismos se hacen responsables de los libros y están deseando acabarlos para llevarse otros. Hasta me buscan por el cole para decirme que me han traído el libro.

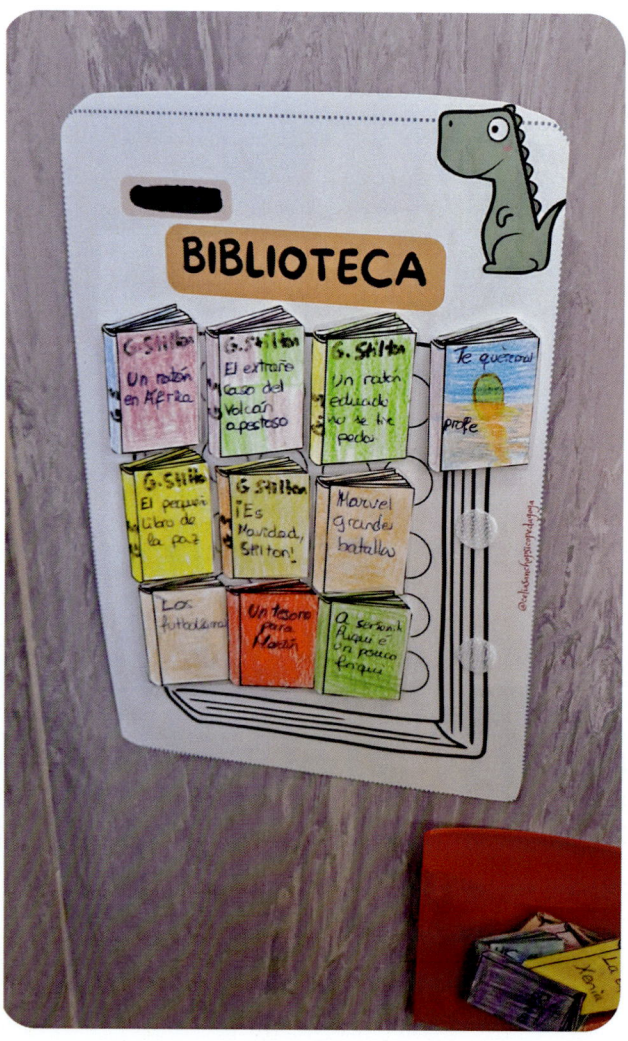

**8** Siempre hay algún alumno o alumna al que le cuesta más entrar en esta dinámica, el niño o niña que lleva con el libro cerca de un mes y no lo ha traído. Gracias al registro puedes saberlo, y ahí nos toca acercarnos a ese alumno y decirle que, si el libro no le ha gustado que no se preocupe, que lo puede traer y cambiar por otro, porque lo más importante es que se inicie ese gusto por leer.

Tengo una alumna que en menos de un mes se ha leído 6 libros y no pequeños precisamente. En algún momento he dudado de que se los lea, pero efectivamente me fijo que cada vez que tiene un rato libre tiene un libro en la mano.

Es increíble lo que se puede llegar a motivar a los alumnos y alumnas con actividades que no son tan difíciles de llevar a cabo.

Para mí la biblioteca de aula bien implantada y gestionada es un pilar fundamental para fomentar la lectura, y aprovecho para agradecer la colaboración de algunas familias que me han donado libros para este proyecto. Da gusto que las familias sean capaces de involucrarse en los proyectos, otras familias han tenido que comprar por petición de sus hijos una carpeta especial para meter todo lo de la biblioteca.

Está claro que familia y escuela tienen que ponerse de acuerdo para que todos estos proyectos puedan llevarse a cabo.

Otras actividades que podemos llevar a cabo desde la escuela para poder hacer una gestión del tiempo eficiente en la lectura son:

## Lectura de forma grupal

Dedicar un tiempo todos los días a la lectura grupal es muy importante. El aprendizaje entre iguales es una motivación muy necesaria para ellos. No podemos enfocar la lectura como una actividad únicamente individual. El ambiente de educación infantil es el que más se presta a iniciarlos en ella y a que todos vayan aprendiendo al mismo ritmo. Podemos ir aprendiendo con cuentos o canciones y haciendo actividades grupales de discriminación o búsqueda, de manera que para ellos sea un juego y ese rato de lectura sea un momento agradable en el que pongan su máxima atención. Por eso, las mejores horas suelen ser las primeras.

## Actividades con un objetivo muy concreto y un tiempo límite.

Tenemos que empezar con actividades sencillas de discriminación.

No podemos alargar los tiempos de las actividades ni dejar grandes tiempos muertos en medio. Las actividades deben ser dinámicas y cortas.

## Actividades con flash cards

Potenciar la lectura grupal a través del uso de *flash cards* para formar palabras por equipos, teniendo que llevar a cabo un trabajo cooperativo.

## Actividades de lectura manipulativa

Hay un montón de recursos para llevarlas a cabo, desde barajas para encontrar qué dibujo se corresponde con la palabra, letras traslúcidas para la mesa de luz, fichas estilo dominó con las letras, hasta letras Montessori de madera, letras de silicona... Hay una infinidad de materiales.

Cuando empecé a trabajar me preocupaba muchísimo la iniciación lectora, porque ahí es donde empezaban a surgir dificultades en los alumnos y alumnas que tenían una adquisición más tardía y, en muchos casos, esa adquisición tardía la arrastraban durante todo su periplo escolar Y aunque hay un montón de recursos, no daba con uno que pasase de la lectura silábica a la de palabras. Por eso, me hice de una manera muy, muy arcaica, unos libros a los que les llamé Silabea y Palabrea; libros digo, por decir algo. Plastifiqué hojas de colores, rebusqué unos ficheros viejos de anillas e imprimí dibujos y escribí palabras con rotulador. Recorté todo y me cansé de comprar un montón de metros de velcro para pegar aquello en mis hojas. Al final tuve que comprar alcohol porque llegó un momento en el que todas las tijeras estaban llenas de pegamento de los velcros y ya no cortaban. Aquello fue un trabajo de chinos, pero el resultado fue estupendo. Conseguí que esa parte de la lectura para la que no encontraba actividades manipulativas fuese todo un éxito. Era como hacer un puzle, y enseguida aprendían a pasar de la sílaba a la palabra como algo mágico.

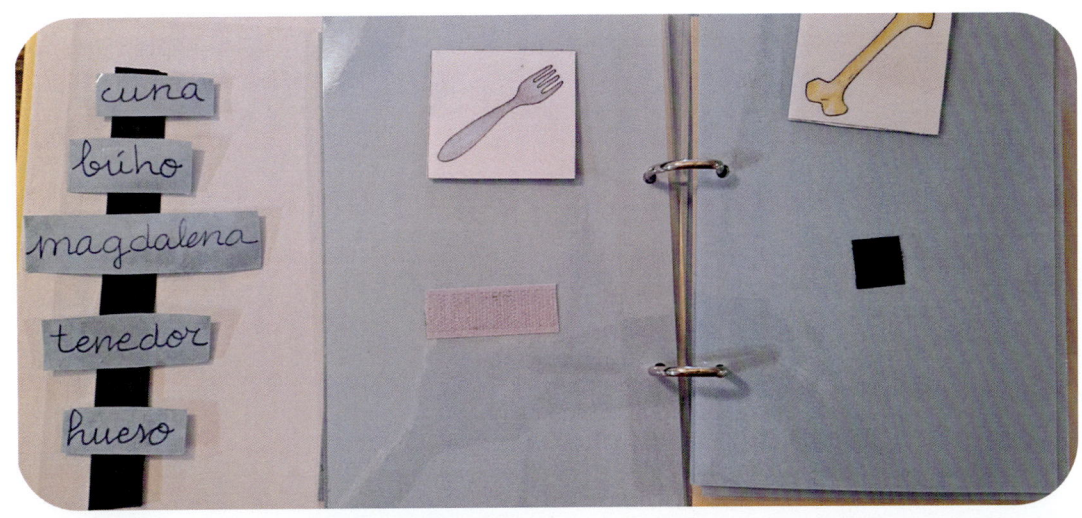

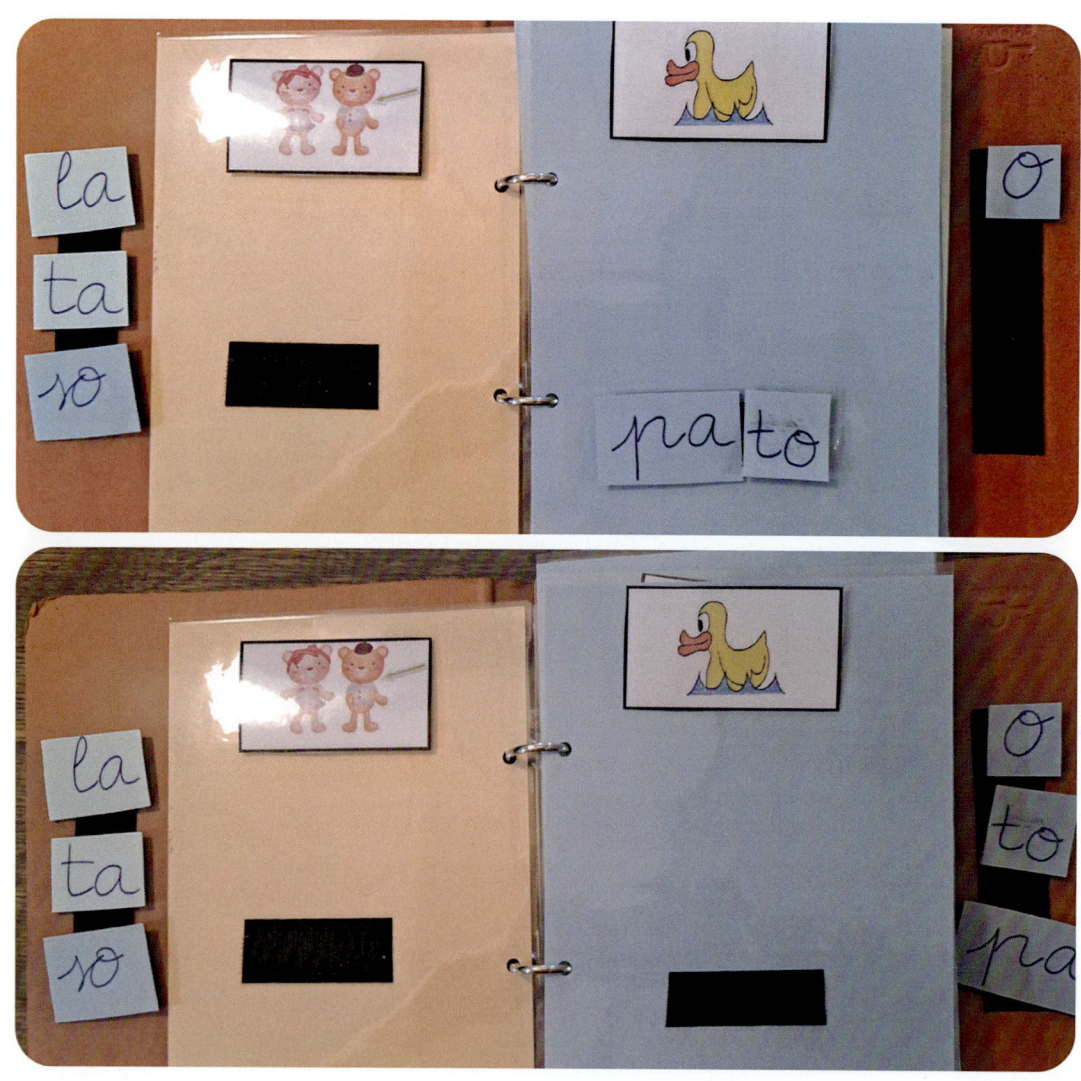

Con los años los materiales han ido mejorando mucho, y todo lo manipulativo es lo mejor para adquirir cualquier aprendizaje.

Os voy a enseñar una serie de actividades manipulativas y dinámicas para llevar a cabo en el aula. La mayoría de los materiales son sacados de dosieres, fruto del trabajo de un montón de compañeros y compañeras en Instagram.

# CREA TU HISTORIA

Sólo necesitamos unos dados y estas sencillas fichas para crear historias.

# FICHAS PARA DISCRIMINAR VISUALMENTE LETRAS, SÍLABAS Y PALABRAS

# LECTURA MANIPULATIVA

Fichas que se pueden manipular, donde formar palabras a partir de una imagen.

# FICHAS REUTILIZABLES PARA ACTIVIDADES DE LECTURA

Este tipo de fundas es un recurso muy útil para tener fichas muy concretas, y sacarles mucho partido.

# FORMAR PALABRAS EN LA MESA DE LUZ

La mesa de luz es un recurso importante; la estimulación que ofrece y la capacidad que tiene para mantener la atención sostenida es mayor que otros recursos. Se puede trabajar en pequeños grupos.

# TARJETAS PARA ACABAR Y EMPEZAR ORACIONES

Estimula el pensamiento rápido y el razonamiento verbal.

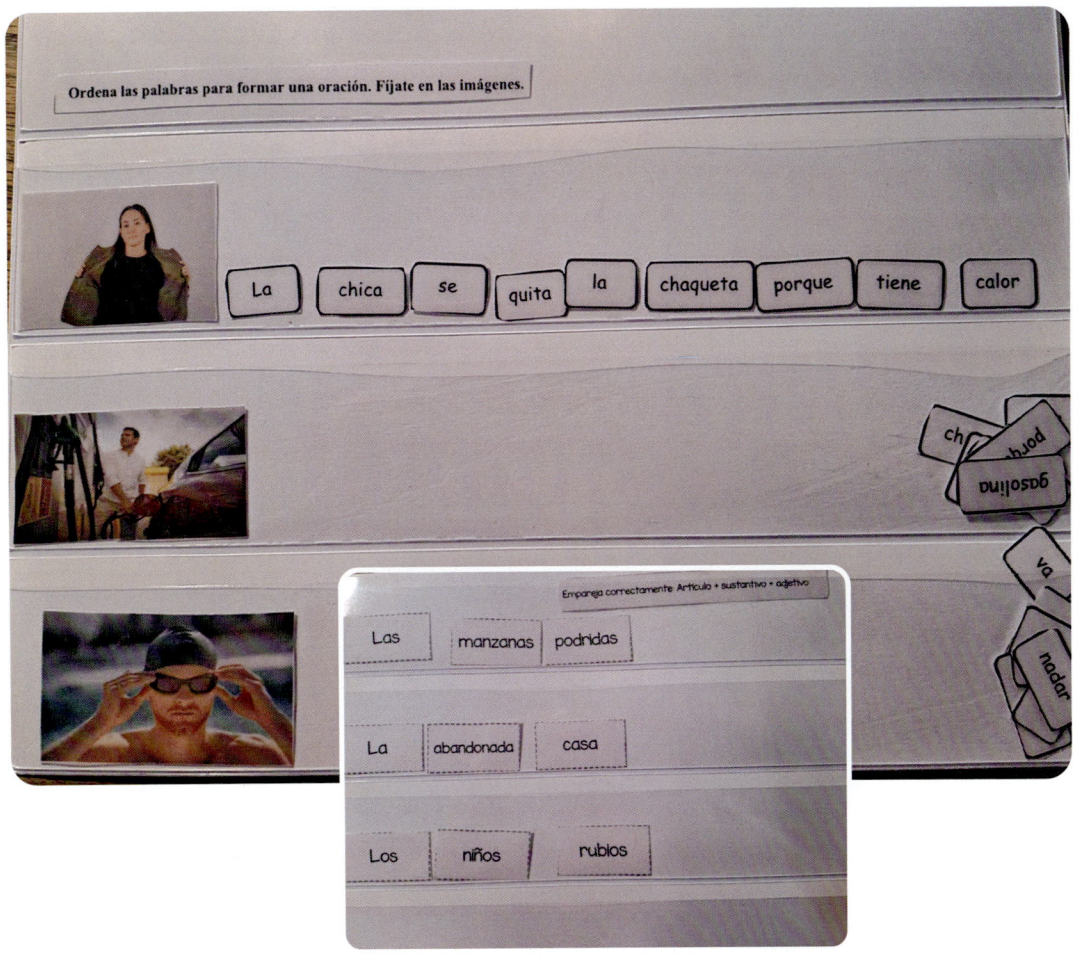

# CRUCIGRAMAS, SOPAS DE LETRAS

De los temas o vocabulario que queramos trabajar.

# PIZARRAS SENSORIALES

Estas pizarras, en marquetería, han sido creadas por mi compañera Vanesa y son ideales para poder trabajar.

Hay dos tipos;

La primera, para iniciación lectora, con varios tipos de pizarra para que puedan escribir letras por imitación, con diferentes materiales, y la segunda, para poder formar palabras.

# LIBROS DE AUTOLECTURA

Donde manipulan con velcros sílabas y palabras.

## ORDENAR ORACIONES

Empezando desde la más sencilla a las más complicadas. Este tipo de recurso lo he ido creando y al hacerlo de una forma manipulativa es más eficiente.

## GRABACIÓN DE LA LECTURA

Hoy en día es muy sencillo hacer esta actividad. Yo tengo una grabadora, pero con cualquier dispositivo electrónico se puede grabar.

Consiste en grabar a los alumnos cuando leen y ponérselo. Esta actividad es muy interesante porque normalmente ellos nunca se han escuchado leer y esto ayuda a que mejoren.

Lo ideal sería llevar un pequeño registro de cómo van evolucionando para que ellos mismos sean conscientes de sus propios avances.

## MEMORIZACIÓN DE TRABALENGUAS

Acertijos, pequeñas canciones encadenadas... El ritmo en la lectura se mejora con este tipo de actividades.

## ADIVINANZA O ACERTIJO

Una actividad que podría ser semanal es que traigan a clase una adivinanza o un acertijo. De esta manera se fomenta la búsqueda autónoma.

## HACER PEQUEÑOS JUEGOS DENTRO DEL AULA

Palabras encadenadas, ahorcado, películas mudas, Pictionary, juegos de lenguaje.

## HACER JUEGOS DE ESCRITURA SENCILLOS

Como el del taller de escritura.

Consiste en que cada uno escriba una frase en una hoja; según escriba su frase, doblará la hoja como si fuese un abanico y la pasará al compañero. Al acabar de escribir todos, la profe leerá todo el texto y habremos participado en una obra común de literatura. A veces, es increíble la de textos bonitos que pueden salir.

## ELEGIR UNA FECHA

La que consideremos, podría ser el 23 de abril, u otra fecha con una celebración especial, para la semana de la lectura.

 En todos los coles tenemos semana de la ciencia, del inglés.... ¿Y de la lectura? Mucho plan lector, pero no hay una semana de la lengua, ni de la lectura, y si no puede ser una semana, un día de la lectura

## MÉTODO CLOZE DE LECTURA ANTICIPADA

Las lecturas con el método *cloze*, optimizan la velocidad lectora.

## LECTURAS PIRAMIDALES

Ayudan a mejorar la rapidez lectora.

## COMPLETAR TEXTOS A LOS QUE LE FALTAN LETRAS

Mejora el reconocimiento globalizado y, por lo tanto, la velocidad al leer.

Todo este tipo de actividades son ejemplos de actividades muy concretas que podemos realizar en el aula para iniciar y mejorar la lectura. Es importante el momento de hacerlas, buscar un momento adecuado, incluso rotarlas. A este espacio de tiempo le tenemos que poner un nombre para que los alumnos encasillen este tipo de actividades en alguna franja. Podríamos llamarla "lectura dinámica" y debería ser como un tipo de actividad que se pueda realizar después de un trabajo más atencional. Por supuesto, hay que asignarle un período de tiempo, pero esto tenemos que verlo con la práctica y dependiendo de los grupos. Hay actividades que funcionan mejor con unos grupos que con otros, o actividades que algunos grupos elaboran más rápido y otros más lento.

Lo ideal sería dividir el aula en grupos de 3 ó 4 alumnos, y que cada grupo realizase una actividad a través de un trabajo cooperativo y las fuese rotando, pero tiene que estar muy preparada la actividad por parte del docente para que se pueda aprovechar lo máximo posible.

# FOMENTAR UNA BUENA GESTIÓN DEL TIEMPO

La gestión del tiempo es algo que va más allá de lo educativo. Partiendo de que el tiempo es nuestro más valioso bien intangible, tenemos que acostumbrarnos a hacer un buen uso de él. Cuanto antes empecemos, mejor lo sabremos manejar y eso repercutirá positivamente en nuestros logros.

Para mí hay un objeto imprescindible para trabajarlo: el reloj. Los relojes analógicos y digitales, los de arena y el *Time Timer* serían nuestros recursos imprescindibles.

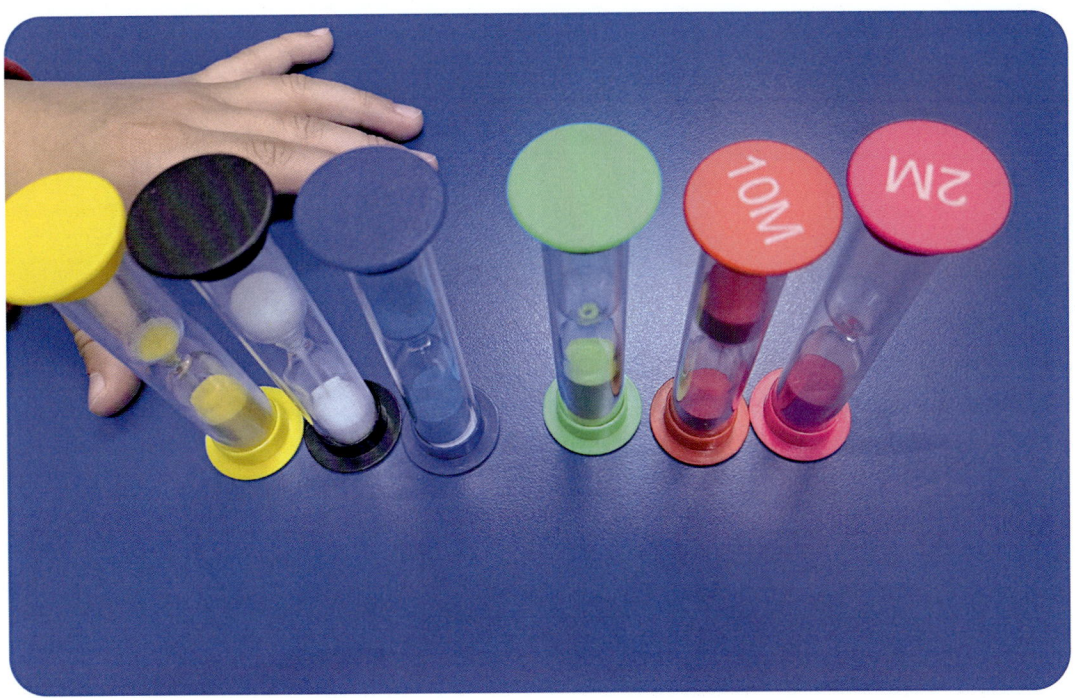

Para muchos, como es mi caso, la primera experiencia con nuestros hijos y los relojes de arena ha sido cepillándose los dientes. Tenía un reloj de arena para que ellas supiesen durante cuánto tiempo se tenían que cepillar los dientes. Pues esto es un buen fomento de la gestión del tiempo que podríamos ampliar a otras tareas y hábitos en casa.

No hace falta que sea con todo, pero sí con algunas tareas y, especialmente, con aquellas en las que inviertan demasiado tiempo.

> Una vez que van conociendo el tiempo a través de los relojes de arena, pueden empezar a comparar el tiempo que les lleva una tarea y el que les lleva otra, y ellos mismos van creando su propio concepto temporal.

Estas pequeñas introducciones las podemos hacer desde que son muy pequeños, con rutinas de aseo.

Según vayan creciendo, estas mismas rutinas las podemos utilizar para gestionar tiempos de ocio, de juego, de utilización de nuevas tecnologías... y más tarde pasarlo a los tiempos de aprovechamiento; de estudio, lectura, ejercicios... Es un buen ejercicio para que ellos y ellas puedan medir su gestión.

Pero, no sólo se trata de poder medir el tiempo, tenemos que lograr que el tiempo invertido sea el menor para el mismo logro.

Diciéndolo de alguna manera, el que más trabaja, no es el que dedica más horas en su lugar de trabajo, sino el que, en el mínimo de horas, hace el máximo trabajo.

Todos tenemos compañeros y compañeras que están un montón de horas trabajando pero ¿ eso asegura que sea un trabajo eficiente?.

La definición de eficiencia laboral es la capacidad que tiene un empleado de cumplir sus actividades con la menor cantidad posible de recursos.

Pues está claro que no, no realiza un trabajo eficiente.

Seguramente, la mayor parte de esas horas que dedica a estar en el puesto de trabajo las pierde en organizar el trabajo, buscar, encontrar, levantarse, sentarse y ahora voy un momento allí, y ahora me falta esto que tengo que ir a buscar....y otra parte del tiempo la pierde pensando en...y tengo que hacer...y si.... Ahora...después...En resumen, otro compañero o compañera con una mejor gestión del tiempo es capaz de realizar ese trabajo en la mitad del tiempo, y no porque sea de altas capacidades, no, es porque es capaz de gestionar su tiempo correctamente, está centrado, organizado, y mentalmente concentrado porque ha hecho una gestión eficiente de su tiempo.

Esta no es una característica innata de una persona. La ha ido fomentando y trabajando a lo largo de los años, porque seguro que alguien le enseñó a gestionar su tiempo.

Pues es lo que tenemos que lograr; gestionar el tiempo de una manera eficiente y, como todos los aprendizajes, cuanto antes lo empecemos a fomentar, antes conseguiremos alcanzarlo.

> Para ello, una vez conozcan un poco la duración del tiempo, tenemos que ayudarlos. Podemos empezar con las rutinas diarias, buscar la mejor manera de hacer lo mismo en menos tiempo, darles estrategias para poder ir mejorando.

Cada niño es un mundo y eso en casa lo vemos enseguida. Por eso, tenemos que dar pautas muy concretas. Para que lo entendáis; pongamos el ejemplo del niño o niña al que le enseñamos a atarse los zapatos. Es un aprendizaje que les suele costar, pero hay niños que les funciona la técnica de las 2 orejitas y otros que prefieren coger una orejita y pasarla. Lo importante es que elijan la forma de hacer las cosas más rápida para ellos, la más fácil y en la que se manejen mejor. No debemos empeñarnos en que haya una única manera de resolver sus tareas, porque para nosotros sea la mejor, porque igual para ellos no.

Una vez que estas rutinas estén instauradas podemos introducir el Time Timer. El Time Timer es un reloj analógico que puede tener varios valores (5 minutos,10 minutos, 30 minutos, 60 minutos, 120 minutos...). Tiene la peculiaridad de que puedes ver el tiempo, te permite materializar el tiempo gracias a su sistema único de representación visual. Sólo hay que girar el disco rojo al intervalo de tiempo deseado. La parte visible del disco rojo disminuye con el tiempo hasta que desparece por completo.

Podemos utilizarlo para marcar tiempos más largos de tareas que duren más.

Y, por último, los relojes digitales y analógicos, cuyo uso es muy necesario tanto a nivel personal, como en espacios comunes.

Y añadiría el uso de cronómetro para el colegio, para actividades y como medidor del tiempo.

Además de los relojes, hay otro tipo de recursos para fomentar la gestión del tiempo, ya más centrados en la distribución de las tareas y la eficiencia.

Os voy a enseñar una serie de materiales que podéis utilizar:

### DO IT

Hay varios modelos. Tenemos, por un lado, uno pequeño, de plástico, en el cual ponemos las actividades a realizar y al lado está el botoncito para poner una cruz o un verificado.

El otro, es un metacrilato donde ponemos las actividades que tenemos que realizar con rotulador borrable y lo vamos variando.

Y el último, también de metacrilato y vertical, para escribir lo que tenemos que hacer.

## POS-IT

Esta es una herramienta conocida por todos y todas para escribir recordatorios, marcar lo importante, poner algo para que no se nos olvide, algo urgente...y es otra herramienta para gestionar nuestro tiempo de una forma visual, haciendo hincapié visual en lo que queremos organizar para ahorrarnos tiempo.

## AGENDAS PLANNER

Son agendas visualmente más cómodas porque suelen programar semanas, y tenemos una visión más general de toda la semana.

# PLANNER PADS

Pequeños talonarios planificadores de tareas, horarios...

# STICKY MEMOS (NOTAS ADHESIVAS)

Notas adhesivas de lo que tenemos que hacer, de lo que nos queda por hacer.

## REVISIÓN DEL DÍA

Una pequeña revisión del día, que podamos hacer en un minuto.

Con cuatro cuestiones:

¿Cómo me ha ido el día?

No ha sido el mejor, más o menos, ¡me ha ido muy bien!

¿He realizado la tarea principal del día?

No, estoy en ello, Sí

¿Cuál es mi tarea principal para mañana?

Y por último ¿qué es lo que me hizo sonreír hoy?

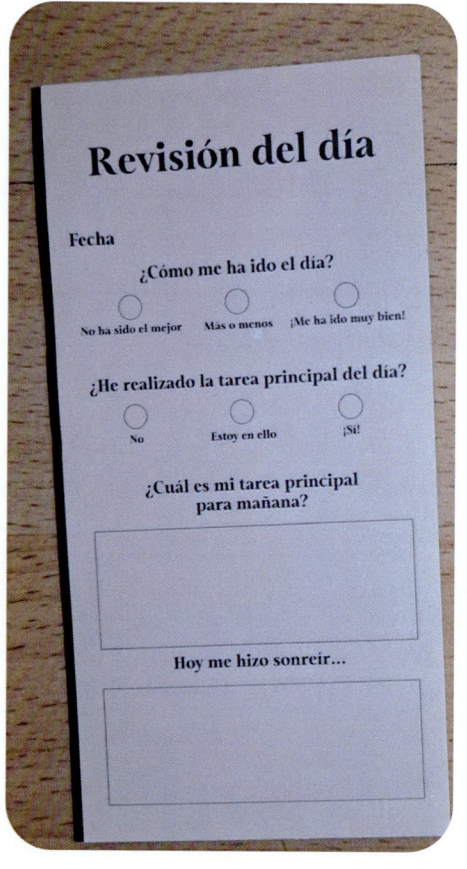

Estas serían las cuatro cuestiones principales como revisión del día, y hacer un pequeño análisis de cómo estamos gestionando nuestro tiempo.

Todo este tipo de actividades ayudarán a fomentar una buena gestión temporal. Son pequeñas acciones que cada vez se realizarán con más rapidez, y nos acostumbrarán a extender esa gestión del tiempo de una manera óptima a otros ámbitos de nuestra vida.

En resumen, toda gestión óptima del tiempo es un factor de éxito en cualquier aprendizaje de cualquier ámbito de la vida. Deberíamos pensar en cuánto tiempo perdemos que no volveremos a recuperar, y lo importante de administrar nuestro mayor bien intangible. Y a la vez, pensar en que ese tiempo sea de calidad, y está en nosotros hacerlo de calidad, aprovecharlo, es un aprendizaje muy importante y que nos facilitará la vida.

Obtener los mejores resultados con la menor inversión de tiempo eso es optimizar, hacer algo lo más efectivo o funcional posible, maximizar la eficiencia y minimizar el tiempo.

Optimizar el aprendizaje y mejorar en la lectura a través de una buena gestión del tiempo es fundamental para garantizar un proceso educativo efectivo y eficiente. Al organizar correctamente nuestro tiempo podemos crear hábitos de estudio, establecer metas realistas y priorizar las tareas más importantes, lo que nos permitirá concentrarnos mejor en el material de lectura ya asimilarlo de una manera más efectiva. Además, una buena gestión del tiempo nos ayudará a evitar la procrastinación y el estrés, lo que facilitará nuestro proceso de aprendizaje y nos permitirá alcanzar nuestros objetivos académicos con éxito.

*Una adecuada gestión temporal es clave para maximizar nuestro potencial de aprendizaje y mejorar nuestras habilidades de lectura.*

# AGRADECIMIENTOS

No puedo escribir un libro sin antes dar las gracias, porque igual no vuelvo a escribir otro y no puedo perder esta oportunidad.

Gracias a mis padres, Laura y José, a mi hermana, Belén, y a mis hijas, Laura y Lola, que son motores de mi vida.

Gracias a Sar Alejandría por confiar en mí y encargarme este libro, a Javier y a Elena y a todo el equipo por su ayuda.

Gracias a la mamá, escritora y redactora Ana M. Longo por realizar este precioso prólogo. Ella ha sido la primera que ha confiado en mí para escribir y colaborar con ella en artículos.

Gracias a mis tres incondicionales compis de batallas, Vanesa, David F. y Javi, por todo lo que me ayudáis e inspiráis.

Gracias a mis otros compis maravillosos, Javi P., Javi C., Juan Luis, Rubén, Adri, Carla, Cristina, María, Mara, Belén, Gonzalo, Silvia... y todo el resto del profesorado y compañeros por vuestra alegría y profesionalidad.

Gracias a Cris B. por ayudarme con el vídeo promocional.

Gracias a mis compis jubiletas porque sois lo más; Pili, Milagros, Mariluz, Luis, Julia, Adela, Marga, María José, Manoli, Mariló, Estrella, Ofelia, Lucía, Loli, mi querida Mila, "La vieja guardia" (Carmen, Juan, Chus, Mari Carmen...),

Toño, Lolo, y a los que sois compis y fuisteis mis profes, María, Nieves, Dolores, Ángela G., Elia, Lourdes, Asunción, Ángela Ch., Lucía, Enrique...

Gracias a las de siempre, Olga, Susana, María, Malika, Cris, Ana, Merche, Marijota, Marta, Rebe, Eva, Trini y Gabriela.

Gracias a mucha gente que es especial, Pili, Patri, Daniela, Íñigo, Rosa, Marina, Edu, Jacobo, Toñi, Verónica, Yadira y Raúl, Luz, Manuel Miguel, Paula, Sandra, Rosa, Patricia, Michel y Luis.

Gracias a Mari Paz, excelente profesora de piano y narradora de acertijos.

Gracias al #claustrodeig por su estupendo trabajo. Son muchos y muchas compañeras que trabajan y dan lo mejor de sí en Instagram.

Gracias a Roberto, que eligió el título.

Gracias a Rafa, que me animó desde el principio y siempre es mi visionario.

Gracias a Marta, Daniela Viso y Carmen, la familia que se elige.

Gracias a todo mi alumnado; ha sido, es y será lo mejor de este trabajo como profe.

Sois muchos y muchas, infinidad de nombres, Pablo, Nerea, Nicolás, Álvaro, Ignacio, Silvia, Heidi, Andrea, Alba, Sergio, Rodrigo, Brais, Shaila, José, Marcos, Paula, Xiana, Olga, Patri, Elena, Andrew, María, David, Leo, Mauro, Alicia, Xoel, Verónica, Uxía, Ian, Valeria, Alejandro, Ricardo, Matías, Rubén, Alex, Iago, Carmen, Kilyan, Eli, Erick, Martina, Antía, Xela, Carla, Abel, Claudia, Inés, Osward, Samuel, Nuria..., que sepáis que no me olvido de ninguno. Me harían falta muchas hojas para nombraros a todos y todas.

Gracias a esas maravillosas familias que me he encontrado a lo largo de mi trayectoria, que han sido un gran apoyo siempre.

Gracias a un montón de profes que me han inspirado a lo largo de mis estudios, como maestros y personas.

Gracias a mis chicos y chicas de prácticas, sustitutos...Bruna, Toni, Pablo, Eva, Jeni, Paula, Marta, Laura...Y también tengo que nombrar a Lulú y Lupita, fieles mascotas perrunas.

Y como no, también tengo que dar gracias a todos los que sólo pusisteis piedras en mi camino e intentasteis apagar mi luz. A vosotros también me gustaría daros las gracias porque sin vosotros este libro no estaría aquí. Me recordasteis que hay que luchar, que la luz no sólo es luz sino también brillo.

Y por último gracias a ti, lector o lectora, espero que disfrutes tanto de mi libro como yo he disfrutado mientras lo escribía.

Jamás desistas de un sueño porque acabará llegando, sólo no te rindas y para el arduo camino rodéate de quien te quiera bien, ellos serán tu combustible.